LA FAÇADE

Directeur de collection: Robert Davies
Directrice de fabrication/design: Madeleine Hébert

Dans la même collection:

Les contrôleurs, Jim Cole
La relation d'aide, Jim Cole
Tout ce que l'homme sait de la femme, M.I. Sogine

traduit de l'américain par
Lise Duguay et Léo-Paul Bouchard

L'Étincelle est une collection
de Services Complets d'Édition (SCE)
et de SCE-France

POUR RECEVOIR NOTRE CATALOGUE, IL SUFFIT DE NOUS
FAIRE PARVENIR UNE DEMANDE À L'UNE DES ADRESSES SUIVANTES:

SCE-Canada , C.P. 702, Stn Outremont, Québec, Canada H2V 4N6
SCE-France, 70 avenue Émile-Zola, 75015 Paris, France.

Jim Cole

Illustrations de

Tom Woodruff

LA FAÇADE

L'Étincelle
Montréal–Paris

DIFFUSION

Canada: **Médialiv**
1975 Bd Industriel
Laval, Québec H7S 1P6
Tél. [514] 629-6001

France: **SCE-France**
70, avenue Émile Zola
75015 Paris
Tél. 45.75.71.27

Belgique: **Presses de Belgique**
96, rue Gray
1040 Bruxelles

Suisse: **Diffulivre**
41, Jordils
1025 St-Sulpice

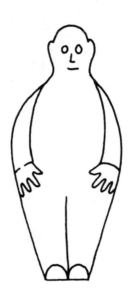

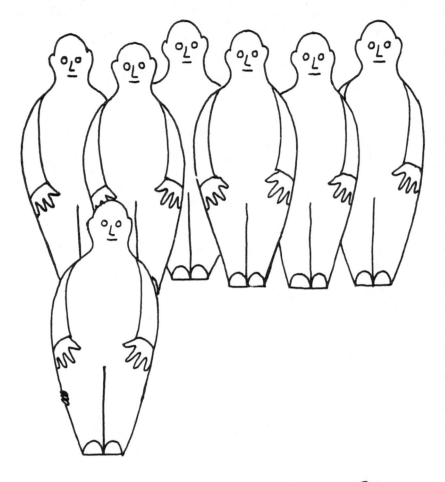

Dans la vie, je découvre vite
ce qu'on veut que je sois.

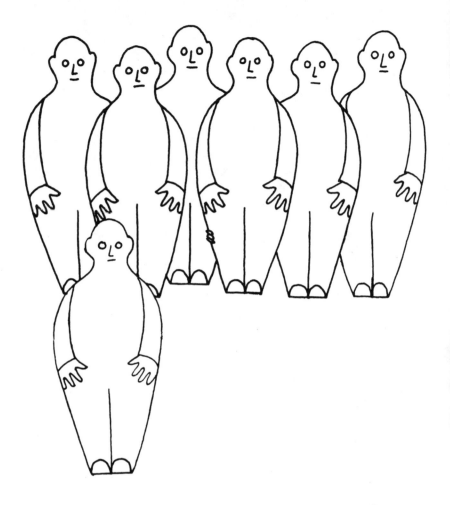

On ne veut pas que je sois
ce que je suis,

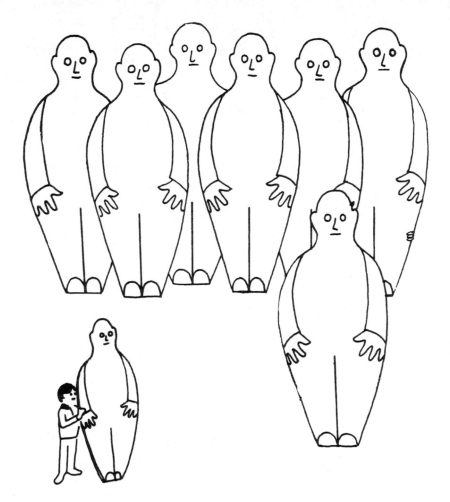

alors je me construis une façade.

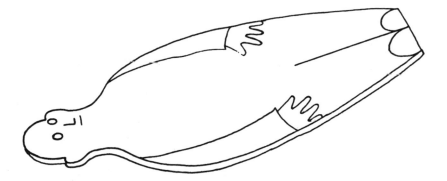

Il arrive que je me sente en
sécurité et je me montre alors
tel que je suis

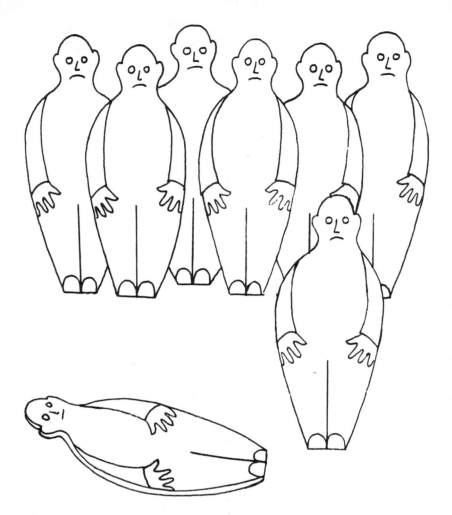

souvent ça m'attire des coups.

J'apprends donc
à soutenir ma façade.

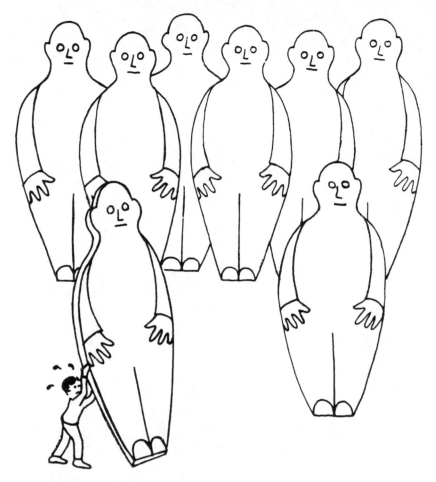

Mieux je construis ma façade,
moins les autres me connaissent
vraiment et moins je me connais
moi-même.

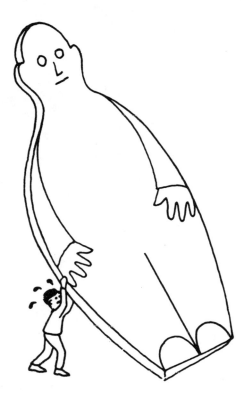

Si je ne me développe pas, je bâtis une plus grande façade,

et ma façade sera
ce que je ne suis pas.

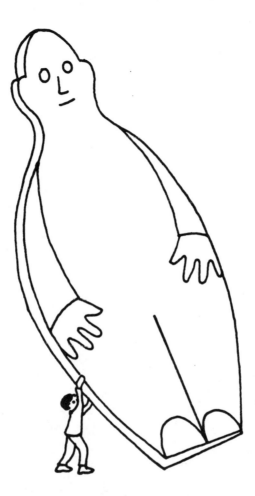

Si l'on découvre que je me cache derrière une façade, eh bien! je la construis encore plus grande.

Mais plus elle grossit
plus elle est lourde,

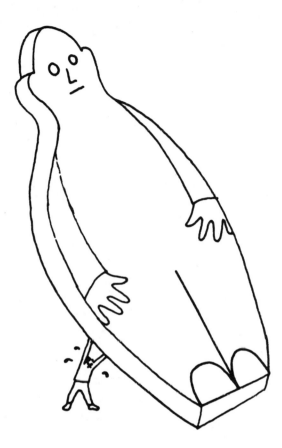

et je m'épuise à la soutenir.

À moins de me sentir en toute
sécurité, jamais je ne la dépose,

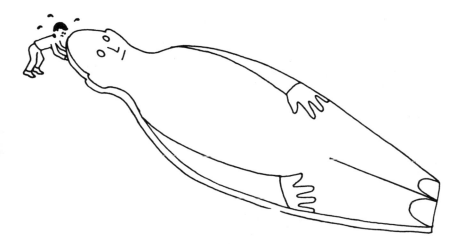

car elle pourrait être trop lourde
à relever,

ou tomber et se briser,

et je ne pourrais plus
me cacher.

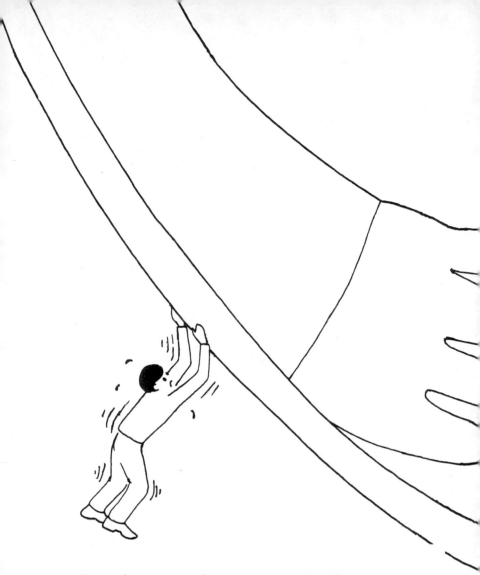

Il arrive que je me construise
une immense façade,

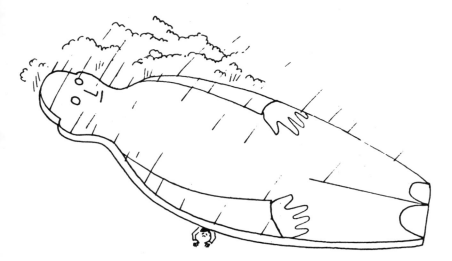

tellement lourde que parfois elle
tombe et m'écrase,

et ça fait très, très mal,

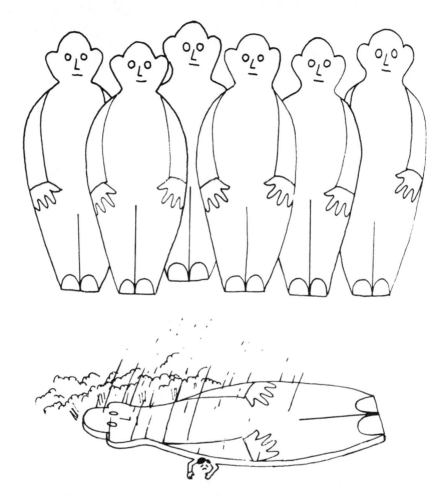

car tous l'ont entendu tomber et savent maintenant que ce n'était qu'une façade.

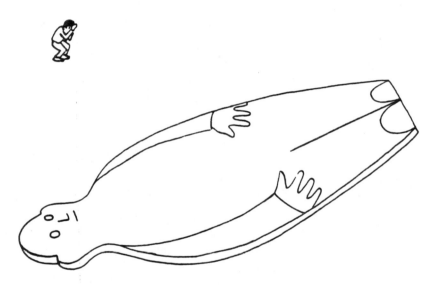

Parfois elle tombe à côté,
me laissant à découvert.

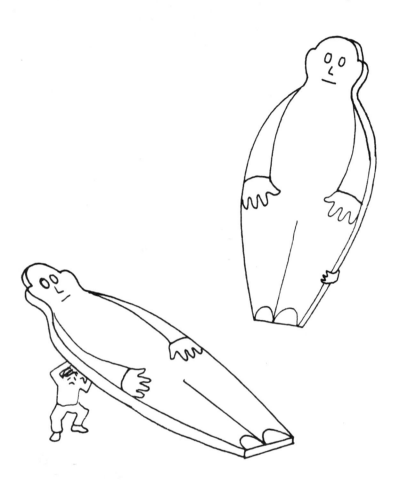

C'est dur à porter une façade,
mais c'est pour me protéger
contre toi.

J'admets rarement que ma
façade est là pour me protéger
contre la connaissance de
moi-même.

Quand tout change autour de moi, ma façade aussi doit changer.

Il m'arrive même d'avoir plusieurs façades

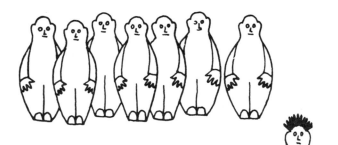

plus j'en ai, plus
je perds l'équilibre.

Souvent, même lorsque
je me sens en sécurité,
je garde ma façade.

Souvent aussi, je me leurre et
pense qu'elle est vraiment moi.

Quand ma façade reçoit un coup,
ça me fait mal.

Si on lui trouve un trou,
ça me fait mal,

et cela me soulage alors
de signaler les trous
dans les façades des autres.

Si je découvre MOI un petit trou
dans ma façade, je m'empresse
de clamer :
«IL N'Y A PAS DE TROU CHEZ MOI!»

et alors tout le monde me
regarde parce que j'ai crié,

et ils voient le trou
que je cherchais à cacher,

alors je crie encore plus fort:
«IL N'Y A PAS DE TROU,
VOUS DIS-JE».

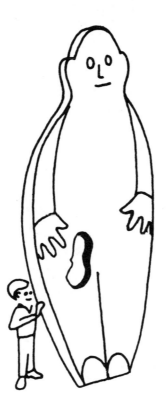

Quand je découvre un
trou dans ma façade,
je m'empresse de le réparer.

Parfois je me procure une pièce
en taillant dans la façade
d'un autre.

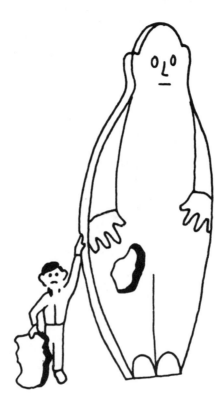

Tellement je veux cacher ce trou
que je prends souvent
mes morceaux trop grands,

de sorte que tout le monde, sauf
moi, voit le rapiéçage.

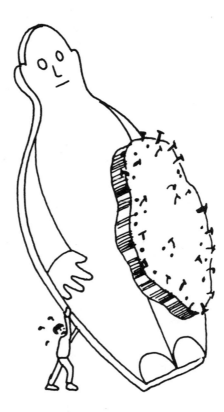

Parfois la pièce est si grosse qu'elle rend ma façade difficile à soutenir.

Si la façade de l'autre me plaît,
j'aide à la construire,

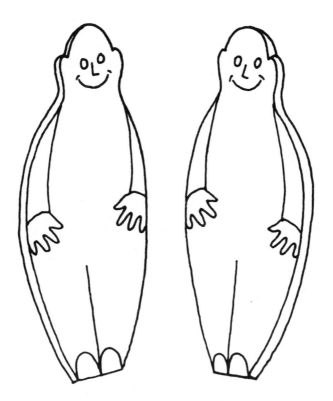

en fonction, bien sûr, de mes
goûts à moi.

Lorsque l'autre comprend
pourquoi j'ai une façade,
je peux cesser de me cacher,

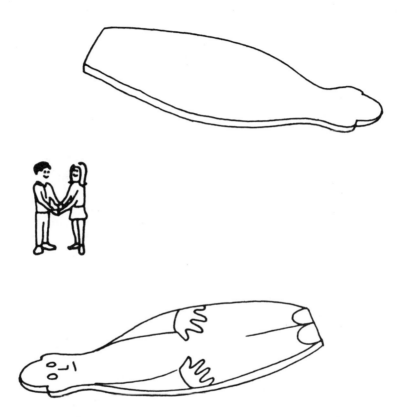

et ensemble, nous pouvons
laisser tomber les deux façades.

Si je me sens aimé sans ma
façade, je me vois tel que je suis
et je peux commencer
à m'épanouir.

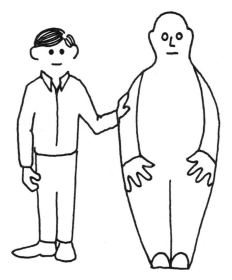

Plus je m'épanouis moins je dépense de l'énergie pour soutenir une façade dont j'ai de moins en moins besoin.

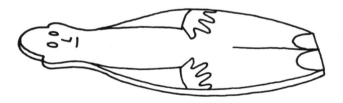

Pour aider autrui à déposer sa
façade je dois d'abord
laisser tomber la mienne.

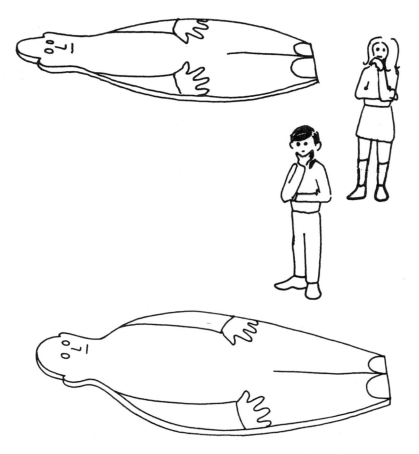

Déposer ma façade avec l'aide d'un autre me permet de mieux la voir.

Je ne me connaîtrai que lorsque j'aurai compris que ma façade, ce n'est pas vraiment moi.

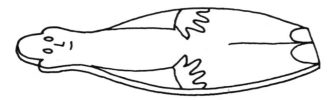

Quelquefois j'annonce:
«Ça c'est moi, vous voyez bien
que je n'ai pas de façade»,

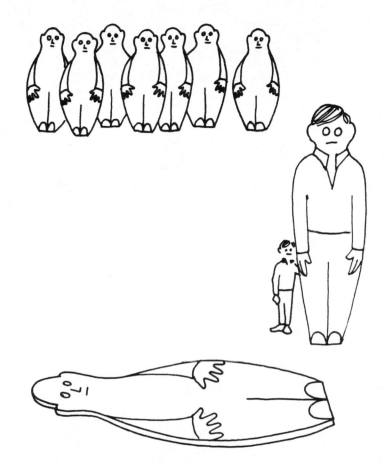

mais ce n'est pas vrai
et tout le monde le sait.

Je ne dois pas DIRE à l'autre
qu'il n'y a pas de risques
à déposer sa façade.

Je doit plutôt le lui MONTRER.

Lorsque tu laisses tomber ta
façade, la mienne me pèse plus,
et je la supporte mal.

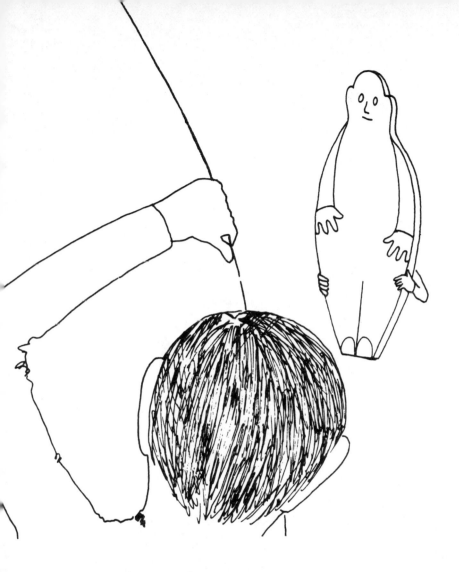

Il m'est parfois facile de voir
ta façade, mais difficile
de voir la mienne.

Quand j'aide un autre à déposer
sa façade, la mienne peut le
blesser si j'ai négligé
de la déposer aussi,

ou éventuellement nous blesser
tous les deux.

Dès que j'accepte l'existence de ma façade,

je découvre curieusement que
j'en ai soudain moins besoin.

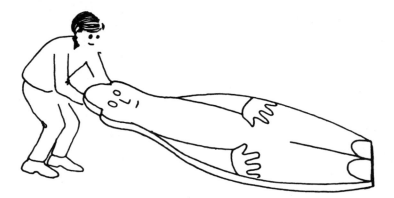

Il m'arrive de vouloir poser
ma façade.

Les autres supportent mal alors leur façade à eux,

et me poussent à relever
la mienne.

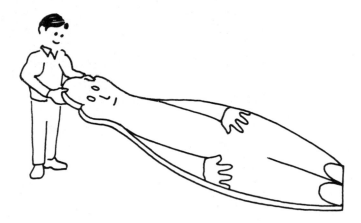

Ce n'est que lorsque j'ai appris
à déposer ma façade que je suis
en mesure d'aider autrui.

Déposer sa façade,
c'est se découvrir,
s'affirmer, grandir.

ACHEVÉ   D'IMPRIMER
EN   MAI   1989
SUR LES PRESSES DE
PAYETTE & SIMMS INC.
À SAINT-LAMBERT, P.Q.